BARREAU DE BORDEAUX

LOYSEL

OU

LE BARREAU FRANÇAIS AU XVIᵉ SIÈCLE

DISCOURS

Prononcé à la Séance solennelle de rentrée des Avocats stagiaires

LE 7 JANVIER 1886

PAR

LOUIS DIDIER

AVOCAT A LA COUR D'APPEL
DOCTEUR EN DROIT

PARIS

L. LAROSE ET FORCEL

Libraires-Éditeurs

22, RUE SOUFFLOT, 22

1886

LOYSEL

OU

LE BARREAU FRANÇAIS AU XVIᴱ SIÈCLE

DISCOURS

Prononcé à la Séance solennelle de rentrée des Avocats stagiaires

LE 7 JANVIER 1886

PAR

LOUIS DIDIER

AVOCAT A LA COUR D'APPEL
DOCTEUR EN DROIT

PARIS

L. LAROSE ET FORCEL

Libraires-Éditeurs

22, RUE SOUFFLOT, 22

1886

IMPRIMERIE
CONTANT-LAGUERRE

BAR-LE-DUC

LOYSEL

OU

LE BARREAU FRANÇAIS AU XVIᵉ SIÈCLE.

Monsieur le Batonnier,

Messieurs et chers Confrères,

On répète, et avec raison, que le Barreau s'est de tout temps imposé au respect et à l'admiration unanimes, parce que ses membres se sont distingués souvent par leurs grandes lumières, la haute situation qu'ils ont occupée dans les conseils de la nation, et toujours par l'intégrité et l'indépendance de leur caractère. Il y a deux ans, à cette place, un de nos sympathiques confrères nous montrait la grande figure d'un contemporain (1), toute rayonnante d'une vie glorieuse où se trouvaient réunies dans une puissante harmonie les qualités diverses que je signalais à l'instant. Mais l'intelligence, l'honneur et la vertu ne sont l'apanage exclusif ni d'un peuple, ni d'une époque, et qui sait si les traditions qui font le renom de notre ordre n'ont pas été conservées avec un soin si jaloux et si éclairé, précisément parce que nos devanciers ont placé si haut l'amour de leur profession, qu'ils la considéraient en quelque sorte comme un sacerdoce. Dans cette suite ininterrompue de gloires locales ou nationales dont la barre fut le berceau, certains noms sont encore vivants parmi nous, et, mes chers confrères, l'Assemblée même qui est à la tête de notre ordre, ne nous présente-t-elle pas la concentration de toutes les forces, grâce auxquelles une institution ne saurait voir amoindrir son prestige et sa vitalité? D'autres noms vivent aussi dans nos mémoires et dans nos cœurs, dont le temps n'a pas fait oublier les mérites et pâlir la renommée.

(1) *Éloge de Dufaure*, par Mᵉ Pourcin.

Mais si nous remontons tant soit peu dans le passé, nous connaissons beaucoup moins certains de nos ancêtres dont la sculpture ou le pinceau permettent de contempler les traits dans l'enceinte même de ce palais, encore moins ceux dont la vie s'écoula en dehors de nos murs et qui ont laissé une grande réputation de science et de probité.

Et cependant, sans que l'on puisse être accusé d'injustice à l'égard des modernes et sans vouloir tomber dans le travers du vieillard dont nous parle Horace, on ne peut s'empêcher de convenir que, dans nombre des manifestations de l'esprit humain, c'est en jetant un œil inquisiteur dans le passé, qu'il nous est donné véritablement de trouver des maîtres et des modèles. Si l'art est ancien et la science plus récente, quelquefois aussi l'un et l'autre ont coexisté et, dans telle hypothèse déterminée, la science a été, à peu de chose près, contemporaine de l'art lui-même. C'est un profit double que nous aurons à tirer de la fréquentation de ceux que nous appelons les anciens, qu'il faudrait nommer plutôt, avec Pascal, les jeunes de l'humanité. Leur étude nous fera connaître exactement comment telle institution a pris naissance et reçu son développement, et nous apprendra comment se sont fondées et superposées les diverses couches du droit. Où mieux chercher, en effet, les premiers éléments du droit, que dans la bouche des juristes qui le codifièrent en le commentant, des avocats qui le virent fonctionner et vivre dans les mille diversités du labeur quotidien?

Tel était le conseil que donnait la voix autorisée de Dupin aîné, bâtonnier de l'Ordre, dans un « Discours sur la profession d'avocat » prononcé à l'ouverture des conférences de la bibliothèque des avocats, le 1er décembre 1829. « Relisez, disait-il, nos vieux jurisconsultes : ils sont trop négligés. Gardons-nous de les oublier, et de les laisser tomber en désuétude..... Ne craignez pas de vous égarer en rebroussant chemin; pour arriver aux mines d'or, il faut percer les entrailles de la terre. De même, traversez, s'il le faut, plusieurs siècles, et pénétrez jusqu'aux temps où écrivaient Bodin, Coquille, Loyseau et Dumoulin. »

Nous avons recueilli précieusement les paroles du grand orateur que la magistrature ravit un jour au Barreau et qui illustra l'une tout autant qu'il avait brillé dans l'autre. De même, avons-nous vu souvent nos rangs s'ouvrir pour faire place à des magistrats qui, entourés de la sympathie de tous, ont conservé, en les por-

tant à un plus haut degré peut-être, les qualités supérieures auxquelles ils avaient dû de hautes situations. Il est juste qu'il y ait
parfois des compensations et que la barre s'enrichisse de ce que
la magistrature a perdu.

Ainsi que nous y invitait la citation que nous avons faite, nous
avons voulu choisir précisément à l'époque dont parlait Dupin, un
nom qui se fut distingué par le talent de l'orateur et la science de
l'écrivain; Antoine Loysel nous a paru digne d'arrêter votre attention.

En dehors de l'approbation éclairée que notre sujet a reçue, si
nous avions à le justifier encore, il nous serait loisible de recourir
à la même autorité que nous invoquions il y a un instant. Dupin
ne dit-il pas de nos vieux jurisconsultes, dans le discours déjà cité :
« Au mérite d'un style qui, dans sa franchise, a souvent toute
l'énergie et la précision des langues anciennes; à la naïveté qui
n'exclut pas la finesse, et qui place plusieurs d'entre eux, tels que
Loysel et Pasquier, sur la ligne de Montaigne et d'Amyot, ils
joignent la solidité des principes, la rectitude des raisonnements,
une érudition, j'en conviens, excessive alors, comme elle est trop
faible à présent; mais, en tout, une connaissance approfondie des
sujets qu'ils traitent, et une source féconde pour quiconque y saura
puiser avec discernement. »

On me reprochera, peut-être, d'avoir cherché un sujet bien
éloigné de nous et d'avoir choisi, pour le célébrer, un nom étranger,
en quelque sorte, alors que les annales de notre Barreau bordelais
sont riches d'ancêtres fameux.

Mais je m'empresse de dire que nul, plus que moi, n'est pénétré
de ce sentiment d'orgueil inspiré par des gloires locales et j'ajoute
que Loysel n'est pas un étranger pour nous, qu'il passa à Bordeaux presque une année entière, en Guyenne deux ans et demi, et
qu'il y prononça près de deux mille plaidoyers.

J'ai hâte de vous faire connaître ce que fut Antoine Loysel. Il
n'est un inconnu pour personne parmi vous, car nous avons entendu prononcer son nom à l'école. Ce nom n'est-il pas attaché à
ces brocards souvent cités qui, dans quelques mots d'une simplicité
charmante et d'une naïveté voulue, en disent plus sur une matière
juridique que de longs commentaires? Nous avons aussi parcouru
son célèbre « Dialogue des avocats » sur lequel nous aurons à re-
venir dans la suite, où il fait parler et se mouvoir quelques-uns des
plus célèbres avocats du temps, à l'entretien desquels il se mêle
lui-même.

Loysel a donc écrit; il a parlé aussi, et si sa mémoire a été conservée parmi nous, il faut dire ce qu'elle contient d'utiles enseignements. La vie de Loysel, ses œuvres, tel est le plan que nous nous proposons de suivre, tel est le chemin que je parcourrai avec vous, soutenu par votre bienveillance, née de ces bons rapports de confraternité dont le Barreau de Bordeaux a su toujours conserver l'aimable tradition.

I.

Antoine Loysel naquit à Beauvais le 16 février 1536 ; il était le dernier des douze enfants de Jean Loysel, fils aîné de Nicolas Loysel, qui avait eu lui-même douze enfants. Comme on le voit, le père d'Antoine Loysel avait scrupuleusement observé la tradition paternelle.

Nicolas Loysel avait eu un frère qui, ayant latinisé son nom, se faisait appeler Avis, et fut médecin de Louis XII et de François Ier. Il acquit ainsi une fortune considérable, et comme il n'avait pas d'enfants, c'est son frère qui en devint seul héritier.

Le père du jurisconsulte dont nous avons pris à tâche de célébrer la mémoire, envoya son fils à l'école en 1543, et, trois ans plus tard, on le plaça au collège de la ville de Beauvais; il en sortit en 1549, âgé de 14 ans. Cette même année, Antoine Loysel partit pour Paris, où il arriva au mois de mai, peu de temps avant l'entrée de Henri II. Il fut mis au collège de Presle, et y devint ami du célèbre Ramus, qui en était alors le principal.

Il y eut pour maître Jean Amariton, qui enseignait la philosophie par les orateurs et par les poètes. Les écoliers d'Amariton firent plusieurs pièces de vers à sa louange, pièces qui furent imprimées à la fin d'une édition des *Épîtres* d'Horace qu'il avait publiée en 1553 avec des commentaires; parmi ces pièces se trouve une épigramme très-courtoise de son élève Antoine Loysel.

Après environ cinq ans d'études, Loysel quitta le collège de Presle et suivit les leçons publiques de Ramus, Strazet et Turnèbe, qui enseignaient la langue grecque et latine. Son dessein était de se donner ensuite tout entier à la médecine, comme Avis, son grand-oncle. Mais Loysel nous confie le secret des résistances qu'il rencontra dans sa famille : « Mon père ne le voulut pas, disant qu'outre le danger auquel les médecins sont contraints de s'exposer de jour et de nuit, un médecin ne pouvoit être que médecin, au lieu qu'un advocat pouvoit devenir président et chancelier..... » Tous ces détails d'enfance nous ont été laissés par Loysel lui-même. Ils nous sont rapportés par Claude Joly qui publia en 1656 la Vie et les Opuscules de son aïeul. Loysel avait parmi ses papiers un petit « mémoire chronologique, » où, suivant l'expression de Joly, « le bon homme avoit remarqué de sa main, successivement et par années, ses principales actions. » En quoi il avait eu en vue ses enfants, voulant, disait-il, leur laisser par écrit et comme par testament une partie de l'histoire de sa vie pour leur servir comme d'un miroir où ils pourraient remarquer le mal qui venait de lui pour l'éviter, et le bien qu'il avait pu faire pour essayer d'y atteindre et aussi de le surpasser.

L'ambition que nous avons vu le père de Loysel avoir pour son fils n'était guère ressentie par ce dernier. Toutefois, il se conforma au désir de sa famille, et au mois de juin 1554, il vint à Toulouse pour y apprendre le droit. Il y alla avec M. le président de Case-dieu, qui était de la maison de Du Faur; Cujas instruisait les enfants de ce magistrat tout en professant publiquement. C'est ainsi que Loysel eut l'avantage de connaître ce fameux jurisconsulte, qu'on a pu surnommer, avec raison, le Papinien français. Cujas était plein d'attentions pour les jeunes gens appliqués à l'étude. Il remarqua bientôt Loysel « qui avait, nous dit de Laurière (1), des dispositions extraordinaires pour le droit et les belles-lettres, et lui donna son amitié. Il lui conseilla d'abord de bien étudier ses « Institutes » et de les conférer avec le grec de Théophile. »

Bientôt après, Loysel suivit à Cahors Cujas qui avait été nommé docteur régent dans cette Université. De Cahors, Cujas ayant été appelé à Bourges en 1555, Loysel y fut aussi, et c'est là qu'il fit la connaissance de Pierre Pithou : ils y devinrent compagnons d'études sur les mêmes bancs et se lièrent « en telle union, amitié et fraternité, nous dit Loysel, que depuis lors ils s'appelaient d'ordinaire l'un l'autre du nom de frères. » Le président de Thou, dans les mémoires de sa vie, célèbre l'union de ces deux hommes, non-seulement dans leurs goûts, mais dans leurs opinions et dans leurs

(1) Abrégé de la vie de M. Loysel, publié en tête de l'édition que donna de Laurière, en 1710, des *Institutes coutumières* de Loysel.

consciences, et se vante lui-même d'avoir eu part à leur commune amitié : « ..... *Biga insignis, quibus amicis familiarissimè utebatur Thuanus;* » et Claude Joly nous parle aussi de « ce couple de parfaits amis (1). »

Le mérite supérieur de Cujas lui attira bientôt, à Bourges, l'envie de ses collègues. Duaren, qui y professait avec succès, se déclara son ennemi, « et, remarque de Laurière, comme c'est presque toujours le mérite qui est forcé de succomber, Cujas fut obligé, en 1557, de laisser sa chaire et de venir à Paris. » Loysel qui n'avait alors que 21 ans, suivit toujours son maître, dont l'enseignement l'avait séduit dès le début, car, dit-il, « ce grand jurisconsulte fut cause que je ne quittai point la science du droit, dont les autres docteurs me dégoustoient à cause de leurs barbaries. »

Loysel vint donc à Paris avec lui, mais dut s'absenter pour aller quelque temps à Beauvais où son père était mort l'année précédente. Pendant cette courte absence, Cujas fut appelé à Valence; Pierre Pithou et Loysel y allèrent aussi, et ce fut là que ces deux savants disciples, attachés plus que jamais à leur maître, redoublèrent d'application en travaillant avec lui sans relâche.

Cujas, franc et modeste, ne cherchait qu'à s'instruire, et n'hésitait point à proposer ses doutes à de pareils écoliers. Quand il avait fait quelques découvertes, il se faisait un plaisir de les leur communiquer, et, lorsqu'il avait appris quelque chose d'eux, il leur en faisait publiquement honneur. C'est ainsi que nous n'aurions jamais connu, si Cujas ne nous l'avait apprise (2), la circonstance dans laquelle Loysel indiqua à son savant maître une correction à apporter à un vers d'Ausone, pour lui donner un sens raisonnable.

Pendant son séjour à Valence, on offrit en mariage à Loysel une demoiselle dont les relations de famille pouvaient être du plus puissant secours pour ce jurisconsulte naissant. Il refusa, déclarant qu'il était venu à Valence, non pour s'occuper de mariage, mais uniquement d'études, et, comme nous aurons à en dire un mot dans la seconde partie de cette étude, il ne s'était pas menti à lui-même. Le temps arriva cependant où il fallut quitter les écoles. Il partit de Valence, au mois d'octobre de l'année 1559, âgé de 23 ans seulement; et il alla prendre ses degrés à Bourges, dont l'Université

---

(1) *Vie de Loysel,* en tête des *Opuscules;* Paris, 1656.
(2) Notes sur le titre XVII du premier livre des *Sentences* de Paul.

était alors la plus célèbre pour l'étude du droit et qui le fut bien davantage encore par le retour de Cujas ; c'est là que ce dernier, après avoir triomphé de l'envie, força l'admiration de toute l'Europe.

Quand Loysel fut arrivé à Paris, en février 1560, il se fit recevoir avocat, et alla aussitôt à Beauvais où il eut quelque embarras au sujet de la carrière qu'il devait définitivement embrasser. Jean Loysel, son frère aîné, élu de la ville de Beauvais, voulait qu'il fût conseiller au Parlement. Il traita pour lui, bien qu'il n'eût que 23 ans, de la charge de conseiller-clerc de M. Chevalier; ce marché fut rompu tout aussitôt. D'un autre côté, Philippe Loysel, son frère, l'appelait auprès de lui, à Senlis, dont il était lieutenant général et lui faisait obtenir un emploi.

Mettons à profit ce premier répit que nous offre la vie de Loysel, au moment où il cherche dans quelle voie s'engager, et voyons quel était l'état de la société dans laquelle il allait entrer, et au seuil de laquelle il s'arrêtait, l'esprit hésitant.

Et quels temps, en effet, plus propres à faire naître l'hésitation que ceux dans lesquels Loysel avait vu le jour et passé sa jeunesse? Le xvie siècle ne peut-il pas être défini, le siècle du doute absolu et général. Ce doute deviendra bientôt systématique et scientifique lorsque la philosophie Cartésienne aura posé ses grands principes. Le xvie siècle n'est-il pas le siècle de Rabelais, de Montaigne et de Calvin? Le *Que sais-je?* n'est pas une formule creuse : la Renaissance et la Réforme en sont les deux manifestations principales. Renaissance! dit M. Nizard (1), mot qui n'exprime pas un sentiment, mais contient à lui seul toute une définition de cette série de transformations et de découvertes, où, trois siècles durant, nos pères crurent voir comme une résurrection de l'esprit français. Des faits récents et inattendus, la découverte d'un nouveau monde, tout cela fait que « la raison humaine étourdie et confondue essaie de se sauver elle-même, en proclamant sa propre souveraineté (2). » Et la Réforme paraît, qui veut opérer un retour à l'antiquité chrétienne, en religion, de même que, dans les lettres, les sciences et les arts, la Renaissance s'inspirait des chefs-d'œuvre de l'antiquité païenne.

Aidées de l'imprimerie, la Renaissance et la Réforme battent en brèche la vieille société, et le moyen-âge tomba alors parce qu'il

---

(1) *Histoire de la littérature française*, tome I.
(2) Lenient : *La satire en France ou la littérature militante au* xvie *siècle* (1877).

avait fait son temps. Ces deux grands mouvements de la pensée
humaine, identiques dans leur but comme dans leur cause, se prê-
tèrent un mutuel appui que Michelet a su retracer, dans son *Histoire
de la Renaissance*, en un tableau saisissant où sa plume, parfois in-
juste, mais toujours vive et imagée, nous montre « un grand coup
de lumière transfigurant le monde du droit. L'imprimerie, en publiant une à une nos coutumes locales dans la naïveté de leurs
discordes, mit en face deux monuments d'unité bien différents entre
eux : le droit canonique avec son fouillis de décrétales et, contre
l'entassement du droit canonique, le droit romain s'élève, et voici
que surgit, dans la majesté grande du Pont du Gard ou du Cirque
de Nîmes, le colossal *Corpus juris*. »

Nous reviendrons plus spécialement sur cette dernière idée dans
notre deuxième partie. Retenons seulement l'état de cette société
travaillée par l'agitation que nous venons de signaler et où bientôt,
les actes succédant aux théories, les guerres de religion vont ensan-
glanter la France. Tel est, en quelque sorte, le cadre dans lequel
nous devions placer l'homme dont nous avons à retracer la vie. Et,
serrant les choses de plus près, si nous recherchons quels goûts
étaient ceux de la société plus restreinte où la naissance avait placé
Loysel, il nous dit lui-même dans son *Dialogue des avocats*, par la
bouche de Pasquier dont il fait l'un de ses interlocuteurs, que le
Barreau était le point de départ de toutes les carrières civiles :
« L'estat d'advocat étoit alors si honorable, que toute la jeunesse la
mieux instruite, voire des meilleures maisons de la ville (Paris),
tendoit à faire montre de son esprit en cette charge, avant de se
mettre aux offices de conseillers ou autres ; et n'y avoient quasi que
ceux qui se défioient de leur industrie et capacité qui en acheptas-
sent ; car, de vérité, on commençoit dès lors à les vendre, ou, pour
le moins, à prêter de l'argent au roi qui, par après, promettoit de le
rendre. »

Revenons avec Loysel à Paris, où il s'est déterminé à exercer la
profession d'avocat, cédant à la mode générale que nous signalions
tout à l'instant. Il demeura avec Pierre Pithou, et tous deux se ren-
daient assidûment au Palais, aux abords duquel Loysel, enfant,
conduit pour la première fois à Paris par son père, avait été si fort
étonné en voyant cheminer à dos de mulet des hommes qui traî-
naient avec eux de volumineuses liasses, qu'il en demanda l'expli-
cation tout aussitôt.

A peine au seuil de la vie, Loysel et Pithou, entre lesquels les liens d'une inaltérable amitié permettaient, semble-t-il, de supporter plus facilement les difficultés d'une carrière naissante, virent avec peine que bien des jeunes gens qui n'avaient ni capacité, ni expérience étaient cependant fort occupés, au grand dommage des familles. Il est vrai qu'il y avait, à côté de cela, des réputations légitimement établies et aussi de jeunes talents qui commençaient à s'affirmer. En effet, les Séguier, les de Thou, les Pasquier, occupaient déjà leur place dans ce xvi⁰ siècle « où se pressent tant de grands événements, où l'on voit paraître sur la scène du monde tant d'hommes de science et ce qui, sous un autre point de vue, peut être mis au-dessus de la science même, des hommes d'un caractère mieux dessiné et plus énergique que ceux des âges suivants (1). »

Cependant Loysel, persuadé « qu'il aurait fait aussi bien que beaucoup d'autres, » s'attrista de n'avoir aucun client : comme il ne pouvait avoir de cause que par les procureurs, il fut enfin forcé d'entrer chez Jérôme Blanchard, à condition qu'il lui donnerait des affaires, et il plaida sa première cause au mois de février de l'année 1563, à l'âge de 26 ans.

Il obtint le plus éclatant succès ; faut-il s'en étonner, de même que pour la réputation qu'il a eue dans les temps suivants ? Non, rien de surprenant, dit Claude Joly, « si, après tant de veilles et de fatigues, et après une si longue et constante assiduité auprès d'un jurisconsulte tel qu'était Cujas, Loysel s'est acquis une si parfaite connaissance dans la jurisprudence, qu'il semble n'y avoir pas sujet de lui dénier en cette science, parmi les advocats de son temps, un degré d'honneur approchant de celui qu'a mérité Cujas parmi les jurisconsultes de son siècle. »

Les débuts du jeune avocat avaient été fort remarqués, particulièrement par un juge qui a laissé la mémoire d'un excellent avocat du Roi après avoir brillé au Barreau du plus vif éclat, je veux dire l'avocat général Du Mesnil. Il proposa en mariage à Loysel, qui n'avait encore plaidé que trois fois, la demoiselle Marie Goulas, sa nièce, fille de M. Goulas, avocat au Parlement, mort un an auparavant.

Mais, pas plus à ce moment qu'à l'époque où il étudiait encore à Valence, Loysel n'était décidé à se marier. Aussi, après avoir témoigné à M. Du Mesnil combien il était sensible à l'honneur qu'il lui faisait, il déclara qu'il voulait, avant de se prononcer, en référer

____

(1) Dupin, *Éloge d'Etienne Pasquier,* 6 novembre 1843.

à sa mère et à ses parents. Il imagina ce détour, dans le dessein bien arrêté de faire rompre cette affaire, sans s'aliéner, par un refus personnel, les dispositions bienveillantes de l'avocat général.

Mais sa mère et ses frères, qui virent combien cette alliance lui était avantageuse, se rendirent à Paris, ils arrêtèrent immédiatement les articles du contrat, et, mettant ainsi Loysel dans la nécessité de conclure ce mariage, ils lui montrèrent la vérité de cette règle, qu'il a mise dans ses « *Institutes*, » que « les mariages se font au ciel et se consomment en la terre (1). »

La dot, nous dit de Laurière, fut de 6,000 livres, avec 500 livres que M. Du Mesnil promettait de donner, à moins qu'il ne supportât les frais de noces. Loysel l'ayant prié d'en faire la dépense, M. Du Mesnil, pour mettre en lumière celui qu'il considérait en quelque sorte comme son gendre (la demoiselle Goulas ayant été sa pupille), convia aux noces MM. les Présidents, MM. les gens du Roi, et ses principaux parents de Paris, de Beauvais, de Pontoise, de Senlis et de Chartres.

Après ce mariage, qui fut célébré le 2 août 1563, Loysel se rendit encore plus assidu aux audiences où il devint très-occupé, grâce au crédit de M. Du Mesnil, qui le fit nommer l'un des substituts du procureur général, mais « en l'admonestant surtout de ne se point amuser à cette charge, en disant que le parquet trompoit son maître et qu'un escu gagné en l'état d'advocat valoit mieux que dix gagnés au Parquet. » Et M. Dupin fait remarquer (2) combien était sage le conseil de Du Mesnil, car les avocats qui se font magistrats trop jeunes se prennent souvent d'amour-propre, se figurant que l'honneur rendu à leur robe est accordé à leur mérite, tandis que l'avocat qui a ses égaux pour contradicteurs, est obligé d'être constamment sur ses gardes et de faire ses efforts pour gagner l'estime du public, dont il attend son avancement.

Aussi Loysel ne négligeait pas ses études et ses travaux de cabinet, et, pendant plus de quarante années qu'il fut occupé aux affaires du Palais, il n'y eut presque pas de jour où il n'étudiât avec la même application que quand il était écolier.

Comme il avait un esprit net et précis, il résolut d'apprendre le droit français par principe. Il suivit, pour cela, l'ordre et la méthode dont il s'était si utilement servi pour apprendre le droit

(1) *Instit. cout.*, livre I, tit. ii, règle ii.
(2) *Vie de Loysel* dans le Dialogue des avocats, Paris, 1844.

romain. De même qu'il avait commencé l'étude des lois romaines par la lecture des *Institutes* de Justinien, de la loi des XII Tables et des autres monuments principaux de la législation romaine; de même, il commença l'étude du droit français par la lecture des plus belles de nos coutumes et des ordonnances qui étaient pratiquées de son temps. Il compara ensuite, avec le droit nouveau, les anciennes ordonnances de nos rois, les anciennes coutumes, les anciens praticiens, et, ayant pu pénétrer ainsi le sens de toutes les coutumes du royaume, dit de Laurière que nous rapportons ici, pour en faciliter l'intelligence à tous ceux qui viendraient après lui, il jeta les bases de ses « Institutes coutumières, » auxquelles il travailla pendant toute sa vie.

Vers la fin de l'année 1564, Pierre Pithou fit imprimer ses observations intitulées : *Adversaria subcesiva*. Il en dédia le premier livre à son ami Loysel, et reconnut, dans l'épître, que ce dernier avait collaboré à cet ouvrage; Loysel lui adressa en latin une lettre de remercîments.

Ce fut, semble-t-il, cette même année qu'il obtint des lettres patentes, portant réserve d'une prébende préceptoriale à Beauvais, pour l'instruction gratuite de la jeunesse. Il envoya ces lettres aux maires et échevins de cette ville, qui en firent faire l'établissement.

En 1566, Cujas, qui venait de retourner à Bourges, donna une nouvelle édition du Code Théodosien, en y ajoutant les Novelles de Majorien recueillies par Loysel, dont Cujas parle en ces termes : *Novellas Majoriani Antonio Loysello debemus doctissimo et suavissimo viro, et summi erga me officii, summæque humanitatis.* De même, dans une autre partie de ses œuvres, il dit de son ancien élève : ..... *viro omni eruditione et virtute præstanti.....*

L'année 1567 fut tristement marquée par les maux que les religionnaires firent subir à la France, et par le siége qu'ils mirent devant Paris. Loysel en sortit au mois de septembre, pour aller aux Grands-Jours qui furent tenus à Poitiers; mais il y revint deux mois après environ, lorsque l'armée du roi en eut fait lever le siége, par le gain de la bataille de Saint-Denis.

Bientôt après, Loysel, qui commençait à être entouré d'une nombreuse famille, perdit la protection de M. Du Mesnil, par le décès de ce magistrat, survenu le 2 mai 1569; mais, dit de Laurière, comme il était dans un temps où la protection allait au devant du mérite, et où, dans l'élévation des gens de lettres, on regardait plus le bien public que le particulier, il eut plusieurs patrons, entre autres M. de Harlay et M. le premier président de Thou. Dans les mémoires de ce dernier, il nous est dit de Loysel : *Loisellum unum in terris superesse qui, corruptis rebus, vir alicujus pretii ac valoris esse videretur.*

Le deuil que Loysel venait d'éprouver fut suivi bientôt après d'une grande joie, la naissance d'un fils ; et, l'année suivante, Loysel possédait un nouveau continuateur de son nom.

Loysel resta à Paris jusqu'en 1572, année fatale où s'accomplit l'affreux massacre de la Saint-Barthélemy. Au nombre des victimes, fut le celèbre Ramus, jadis le maître de Loysel, dont il était toujours resté l'ami. Il lui avait confié l'exécution de son testament, et, malgré la fureur de la proscription, Loysel ne déclina pas cette charge périlleuse. Il en remplit religieusement tous les devoirs, avec un désintéressement absolu, d'ailleurs, car légataire du quart de ses meubles, il n'en put rien avoir, le pillage les ayant dispersés.

Ramus avait lui-même désigné son successeur à la chaire qu'il occupait ; mais le compétiteur de Ramus, Charpentier, à l'instigation duquel avaient agi les assassins de Ramus, poursuivit son œuvre et finit par triompher, malgré toutes les peines que Loysel s'était données pour que cette chaire passât en des mains plus habiles et plus pures.

Pendant ces troubles, Pierre Pithou, né dans une famille calviniste, était à Paris, enfermé dans son cabinet, et il faillit être au nombre des victimes. « Ses meubles et ses livres, nous dit Grosley (1), que les massacreurs s'amusèrent à piller, assurèrent sa retraite et lui sauvèrent la vie. » Il se cacha d'abord chez M. Lefebvre, avocat au Parlement, puis chez Loysel, où il ne cessait d'étudier, « aussi bien que s'il eust esté en son estude ordinaire. » Il finit, en effet, au mois de septembre de cette année, ses « notes sur la collation de la loi mosaïque avec la loi romaine, » qu'il voulait dédier à Loysel ; mais ils convinrent ensemble qu'il valait mieux faire cette dédicace à M. le président de Thou, qui la reçut avec plaisir.

Peu de temps après, Pithou, abjurant les principes de la religion protestante, se convertit au catholicisme avec une bonne foi si réelle, que les esprits les plus passionnés ne s'avisèrent jamais de la contester, et sans que ce changement lui fît perdre l'estime

----

(1) *Vie de Pierre Pithou,* Paris, 2 vol., 1756.

de ses anciens amis. Cette abjuration de Pithou fut un titre aux faveurs qui vinrent le chercher, mais qu'il refusa presque toujours pour ne pas être enlevé à ses travaux, sauf dans la circonstance où nous allons le retrouver avec son ami inséparable.

En 1573, Brisson étant devenu avocat du Roi au Parlement par la résignation de Pibrac, Loysel succéda à Brisson dans le titre d'avocat de Monsieur, frère du Roi, en l'échiquier d'Alençon. Il avait alors 37 ans, et cet emploi lui donna de la réputation; mais la capacité qu'il y fit paraître, disent ses panégyristes, dans plusieurs actions publiques, lui en acquit encore davantage.

Il y eut contestation pour la préséance avec M. Marion qui était aussi avocat de Monsieur, comme lui. Mais la reine Catherine de Médicis, dont il avait l'honneur d'être l'avocat, écrivit à ses juges en sa faveur, et il l'emporta sur M. Marion.

C'est à Alençon qu'il apprit la perte de sa mère, morte à Beauvais, le 18 avril 1575, âgée de 75 ans, au milieu de tous ses enfants, qui s'étaient rendus dans cette ville pour le mariage d'un de leurs oncles.

Il ne fut pas plus tôt revenu à Paris, qu'on le chargea des plus grandes affaires du Palais. Il se vit, en même temps, du Conseil de la reine Catherine de Médicis, de M. d'Alençon, de Mme d'Angoulême, de la maison de Montmorency, de la maison d'O, avocat de plusieurs communautés, et, entre autres, du chapitre de Notre-Dame de Paris.

Pierre Pithou, qui aimait les enfants de Loysel, comme s'ils avaient été les siens, leur donna des marques de son amitié en leur dédiant les *Distiques de Caton*, imprimés en l'année 1577. Il leur avait promis un abrégé des sentences des Grecs; mais Pithou, occupé à d'autres ouvrages, n'ayant pu tenir sa promesse, Loysel y satisfit lui-même et en fit la dédicace à ses enfants.

En 1579, il alla aux Grands-Jours do Poitiers, comme substitut de M. le Procureur Général. Il y composa son petit poëme, intitulé : *Pulex Pictonicus*, la Puce de Poitiers, à la louange de Mlle Catherine des Roches, célèbre par ses poésies. Ce petit poëme a trait à une aventure plaisante, arrivée à ladite demoiselle et sur laquelle les plus graves jurisconsultes de l'époque ne dédaignèrent pas d'exercer leur verve, Brisson, Pasquier, Chopin, Scaliger, Turnèbe, de Lhommeau et presque tous les savants de l'époque.

Lorsqu'il fut de retour, le Roi récompensa ses services par une gratification de 400 écus. A ce moment, on parlait du mariage de

M. le duc d'Anjou avec Elisabeth, reine d'Angleterre. Loysel, qui avait l'honneur d'être l'avocat de ce prince, fut chargé d'examiner les articles du projet « pour y donner son advis, et pourvoir aucunement aux sûretés des accords et conventions d'iceluy. » — « **Mais**, dit Loysel dans ses Mémoires, je n'en voulus pas seulement parler en la façon des advocats ordinaires du Palais, » et comme il voyait plus d'inconvénients que d'avantages au mariage en lui-même, il en fit le sujet d'une longue lettre adressée au Chancelier du duc d'Anjou, où il démontra que ce mariage ne pouvait convenir « ni au bien général de la chrétienté, ni à l'advantage du royaume de France, ni à l'honneur et dignité du futur époux, » puisque ce prince ne devant pas avoir le titre de Roi, il ne serait que le premier sujet de sa femme, vassal de ses caprices, et destiné seulement à la propagation de la race royale.

Bientôt, il dut quitter Paris désolé par une peste qui y fit plus de 40,000 victimes, et se retira à Pontoise avec une partie de ses enfants où il fit d'intéressantes recherches sur les antiquités de la ville. C'est ainsi qu'il occupait ses loisirs, cet homme qui s'en accordait si peu.

En 1581, en effet, Henri III envoya une Chambre de justice aux religionnaires de Guyenne. Loysel en fit partie comme Avocat général, avec son ami Pierre Pithou, qui devait exercer les fonctions de Procureur général. « Laquelle charge il vouloit encore refuser, nous dit Loysel (1), n'eust été qu'on me nomma avec lui, pour être son compagnon, en la charge d'Advocat du Roy, et nous acceptâmes ces commissions l'un pour l'amour de l'autre. » Tandis que, dans l'exercice de ses fonctions, Pithou justifia pleinement l'adage que « le magistrat monstre l'homme, » Loysel, de son côté, fut assurément son digne émule. Ils ne devaient rester qu'un an en Guyenne; ils y furent retenus deux ans et demi. Loysel porta la parole dans plus de deux mille affaires et fit plusieurs harangues d'apparat ou remontrances. Celle qu'il prononça à Bordeaux, à l'ouverture des audiences, eut l'approbation de Montaigne, alors maire de cette ville, qui lui témoigna le plaisir avec lequel il l'avait entendu.

A l'expiration de cette mission temporaire, Loysel revint à Paris, où le Roi lui accorda la noblesse, et le gratifia, pour ses peines et soins, de la somme de 1,000 écus. Le jour de son arrivée, au

____

(1) *Vie de Pithou.*

mois de juin 1584, l'on portait à Saint-Denis le frère du Roi, M. le duc d'Anjou, dont il était l'avocat. Il eut, en même temps, le chagrin de voir que toute sa clientèle était dispersée, « de sorte, dit-il, que le Palais ne me connaissoit quasi plus. » Pareille mésaventure était arrivée à Pasquier, lorsqu'il s'absenta du Palais pour cause de maladie. C'est qu'en effet, on oublie vite au Palais! dit M. Dupin (1). Tant de gens sont intéressés à s'établir sur les ruines d'autrui et « à prendre défaut contre les absents! »

Cependant Loysel et Pithou aimèrent mieux rester avocats et recommencer leur carrière que de conserver celle des emplois publics aux conditions imposées désormais, car les situations qu'ils occupaient venaient d'être érigées en offices par un édit de mai 1586.

A deux reprises, Claude Joly nous entretient de la noble conduite de « ce couple de parfaits amis » en cette circonstance. C'est d'abord dans un éloge de Loysel qu'il publia en latin en 1643 (2), qu'il s'exprime en des termes dont je donne la traduction : « Avant que les charges ne fussent vénales, ces fonctions (celles de substitut et de procureur général) étaient remplies par de célèbres avocats. Mais, plus tard, lorsque l'édit du Roi eut créé la vénalité, Loysel et son ami Pithou préférèrent quitter leurs fonctions plutôt que de se trouver mêlés aux acheteurs de nouveaux offices..... Loysel reprit son ancienne profession, qui lui procura peu de ressources mais beaucoup d'amis, car il offrait à chacun ses services gratuitement. »

Dans la préface des « Opuscules, » le petit-fils de Loysel nous dit encore : « Loysel et son perpétuel collègue ne voulurent plus rentrer dans leurs fonctions, quoique les partisans eussent offert à chacun d'eux une charge gratuitement pour establir plus aisément leur édit, attirant à eux deux hommes d'un tel mérite. »

Au mois de juillet et d'août de cette année, Loysel plaida avec éclat la cause de Pierre Teurier, pourvu de la cure de Saint-Côme, contre Jean Amilton, écossais, qui avait pour avocat M. Servin. Il se remit aussi à faire des consultations, eut la clientèle de l'Ordre de Malte, alors très-riche et très-puissant, et celle de la maison de Longueville, qui le choisit pour chef de son conseil.

Au mois de mai 1588 survinrent les « Barricades » qui trou-

---

(1) *Éloge d'Étienne Pasquier* (6 novembre 1843).

(2) *Clarissimorum virorum Antonii et Vuidi Loysellorum, patris ac filii vitæ;* Parisiis, 1643. (Bibloth. Nat.)

blèrent non-seulement la ville de Paris mais encore tout le royaume. Loysel se retira alors à Beauvais où il resta près de cinq années. Il s'y appliqua à l'étude des belles-lettres, et fit trois livres de la *Noblesse*, du *Profit* et du *Plaisir de l'agriculture*, opuscule qui n'a pu être retrouvé.

M. Du Mesnil, archidiacre de Paris, son grand-oncle, mourut dans ce temps, à Senlis, où il s'était fixé, parce que, fidèle au parti du Roi, il avait dû abandonner Paris. Loysel eut son bénéfice avec une succession considérable, ce qui accommoda fort ses affaires.

Revenu à Paris en 1594, Loysel ne se borna pas à faire de stériles vœux pour le bien public, et, tandis que Pithou, un des principaux auteurs de la « Satire Ménippée, » contribuait à déconsidérer les chefs de la Sainte-Union, en la vouant au ridicule si puissant sur l'esprit français, Loysel travaillait, du sien, à favoriser la reddition de Paris et l'entrée de Henri IV. C'est ainsi qu'il persuada à M. Lullier, prévôt des marchands, son voisin et son ami, d'entrer en négociation avec le roi Henri IV, ce qui assura la Couronne à la famille des Bourbons et donna la paix au royaume.

Aussi Henri IV se plut à lui marquer, ainsi qu'à Pithou, combien il les estimait l'un et l'autre, par les missions honorables qu'il leur confia. C'est ainsi que Loysel et les frères Pithou furent chargés « de vaquer à la recherche exacte de tout ce qui avait été mis pendant la Ligue dans les registres du Parlement, qui pouvoit être injurieux au Roy, ou donner quelques pernicieux exemples à la postérité, à fin de le supprimer et d'en abolir à tout jamais la mémoire. » De même ils furent choisis, Pithou, comme procureur général, et Loysel, en qualité d'avocat du Roi pour réinstaller provisoirement ce qui restait des magistrats du Parlement de Paris, « en attendant la vesnue de ceux qui estoient à Tours. »

Le 20 juin de la même année, il écrivit au maire de Beauvais, pour l'exhorter à rentrer sous l'obéissance du Roi, qui avait fait profession de la foi catholique, six mois auparavant. Cette lettre eut tout l'effet que Loysel en devait espérer : car, peu de temps après, la ville envoya des députés au Roi pour lui offrir l'hommage de sa fidélité, exemple qui fut suivi de toutes les autres villes du royaume.

Lorsque les membres du Parlement revinrent de Tours à Paris, en 1594, Loysel retourna à ses fonctions « d'Avocat du commun, » c'est-à-dire qu'il se remit au service du public, se bornant aux consultations et à ses travaux de cabinet.

Le 22 août de l'année suivante, il perdit sa femme, âgée de 54 ans, après 32 ans de mariage. Elle fut enterrée à Saint-Jean en Grève et Loysel lui composa une épitaphe. Ainsi fit-il encore pour Édouard et Regnaut, ses enfants, qui périrent de la peste au cloître de Notre-Dame. Loysel y était venu demeurer en 1596, chez Guy Loysel, son second fils, qui en était chanoine. Le père et le fils s'en furent alors à Saint-Maur, et de là à Beauvais, le premier monté sur une haquenée, et le fils à pied. Vers cette époque, Pierre Pithou lui envoya de Troyes, les *Fables de Phèdre* qu'il venait de faire imprimer, d'après un manuscrit trouvé par son frère François Pithou.

A la Saint-Martin de cette année, c'est-à-dire au retour des vacances de 1596, il fut accablé de douleur par la perte de Pierre Pithou, cet autre lui-même, mort à Nogent, le jour de la Toussaint, qui avait été celui de sa naissance. Cette mort lui avait été « cachée par les siens sachant le grand deuil qu'il en aurait, » et il l'apprit d'Etienne Pasquier qu'il rencontra au Palais.

Jusqu'en 1605, il fit paraître diverses publications, ce qui lui occasionna de grandes fatigues et des indispositions continuelles, dans les derniers mois de cette année et les premiers de la suivante. A tel point, que, au mois de juin, dans la grande salle du Palais, il eut une défaillance de corps et d'esprit, rapporte de Laurière. Il avait alors 71 ans, et néanmoins sa santé se rétablit si bien, qu'il se remit à ses études comme auparavant. En 1607, il donnait la première édition de ses *Institutes coutumières*, qu'il fit imprimer à la fin de l'*Institution au droit français* de Guy Coquille.

En 1608, le Roi ayant résolu d'envoyer une Chambre de justice à Limoges, Loysel fut mandé par M. le chancelier de Sillery, pour en être le procureur général; il accepta cet honneur et dressa même l'édit avec les instructions. Mais cet édit n'ayant pas reçu d'exécution, il en profita pour revoir ses ouvrages. Atteint en 1610 d'une maladie de la vue, qui lui dura près de quatre mois, il perdit, pendant cette indisposition, Antoine Loysel son fils aîné, conseiller en la Cour, qui mourut le 23 décembre de cette année; il avait épousé en secondes noces, la demoiselle Anne Bailly, fille de M. Bailly, président en la Chambre des Comptes. Elle accoucha le 3 septembre de l'année 1611, d'un fils posthume que Loysel fit élever auprès de lui.

Lors de la tenue des États de 1614, il composa un mémoire dans lequel il remarquait avec grande raison « que c'estoit se moquer des

États de les faire assembler pour donner au Roy des moyens de pourvoir aux abus de son royaume, si l'on n'estoit contraint d'observer ce qui y seroit advisé et ordonné. »

Sa santé fut mauvaise pendant l'année 1614, et comme ses indispositions commençaient à être fréquentes, il s'appliqua alors plus qu'auparavant à la lecture de l'Ecriture Sainte, et surtout à celle des Psaumes.

L'année 1616 vit paraître ses « Mémoires de Beauvoisis ; » ce fut son dernier travail et il le consacra à sa ville natale. Il mourut le 28 avril 1617 ; « il reçut, dit Claude Joly, tous les sacrements en de grands sentiments de piété, donna sa bénédiction à ses enfants.... et expira si doucement que l'on eut peine à s'en apercevoir. » Loysel avait alors 81 ans. Le 4 du mois d'avril, connaissant qu'il était près de sa fin, il relut son testament qu'il avait fait le 12 juillet 1615, le signa et le fit signer par ses enfants et ses gendres. On y trouve la preuve de l' « amour qu'il portait à ses livres et manuscrits » par le soin avec lequel il en règle la transmission. « Mon fils fera imprimer, dit-il, ce qu'il et autres de nos amis trouveront bon entre mes papiers et singulièrement mes « Advocats » et mes vers avec ce que j'y ai ajouté. » C'est pour se conformer à ces derniers désirs du testateur, que Claude Joly, son petit-fils, a publié ses « Opuscules » en 1652.

Telle fut la vie d'Antoine Loysel. Nous avons dû la suivre pas à pas, en quelque sorte, souvent par année, quelquefois même par mois, car cette intelligence d'élite manifestait sous tant de formes sa puissante activité qu'à chaque heure, pour ainsi dire, était affecté un genre particulier de travail, et que chaque événement lui fournissait occasion de s'instruire tout en éclairant les autres. Cette clarté qu'il répandit autour de lui est loin d'être effacée ; elle se fait encore puissamment sentir, car Loysel s'est survécu par ses œuvres, nobles filles de sa pensée ; ce sont elles qu'il nous faut maintenant envisager.

II.

Dans l'examen et l'étude des écrits d'Antoine Loysel, nous pensons qu'une distinction s'impose d'abord entre les opuscules et traités qui ne se présentent pas à nous avec un caractère professionnel ou juridique, d'une part, et de l'autre, les traités qui se placent dans la sphère de la pratique ou de la science du droit.

Parmi les premiers, il en est quelques-uns dont nous avons à regretter la perte : son traité de l'origine, noblesse, profit et plaisir de l'agriculture ; sa collection de Proverbes ruraux et vulgaires, anciens et modernes, recueillis de ses vieux livres, dont Joly parle à la page 48 et qui étaient comme un appendice des règles du vieux droit français ; le journal des malheurs de Paris, du 9 mai 1588 au 9 décembre 1593, et un autre journal des affaires du temps, commencé en 1610 et continué par Loysel jusqu'à sa mort.

Nous possédons, au contraire, le petit poëme que nous avons déjà signalé sous le nom de *Pulex Pictonicus* (1579) (1) ; un autre poëme, qui fut composé par Loysel, en entrant dans son année climatérique, et auquel il donna pour titre : *Androdas christianus* ou *Psalmus climactericus* (1599) (2), et un troisième, *Psalmus meta-climactericus* (1600). En 1602, Loysel composa son *Pausanias Gallicus*, sur la mort du maréchal de Biron ; en 1603, il fit imprimer quelques petits ouvrages intitulés *Tumuli familiares*, et les distiques de Caton traduits en vers français. En 1612, il donna l'*Histoire du Nivernais* de Coquille, sur le manuscrit de Joly, un de ses gendres ; et en 1616 les *Mémoires du Beauvoisis*. Enfin Loysel a écrit certaines paraphrases de textes religieux qui ont été insérées dans les « Opuscules » publiés par Claude Joly. — Nous n'insisterons pas davantage sur ces ouvrages de Loysel, voulant porter notre effort sur les œuvres que nous avons rangées dans la deuxième catégorie.

Ces œuvres sont principalement au nombre de quatre que nous étudierons dans un ordre chronologique, c'est-à-dire dans l'ordre de leur publication.

(1) Pasquier, dans ses OEuvres, édition de 1723, t. II.
(2) Rhanutius Gherus : *Deliciæ poetarum gall.*, t. IV.

Cette méthode d'exposition nous amène à parler en premier lieu de l'ouvrage publié par Loysel, en 1600, à l'âge de 65 ans, sous le nom de « Vies de trois grands hommes. »

Il y célébrait d'abord le Romain Publius Rufus, un des plus grands philosophes et des plus célèbres jurisconsultes de son temps ; éloge qui fut dédié à M. le Fèvre son ami, alors précepteur de M. le Prince, écrit de Laurière.

Puis venait la vie de Du Mesnil, avocat général, l'oncle de mademoiselle Goulas, sa femme, homme d'une telle science « qu'il fa isait quasi tous les arrêts. Ce fut le premier qui fit des remontrances publiques au commencement des Parlements, » et dans certaines de ces remontrances il aida dans son œuvre M. le Président de Thou, voulant bannir des plaidoyers les répliques et dupliques des avocats qui consommaient beaucoup de temps (1).

Enfin Loysel avait voulu acquitter la dette de sa douleur, en écrivant la vie de son ancien et excellent ami, Pierre Pithou.

« Je n'eusse jamais pensé, dit Loysel, devoir être réduit à ce poinct que de dresser la vie de ceux dont je devois par adventure attendre quelque mémoire de la mienne. Mais puisqu'il a plu à Dieu, en me retenant en ce monde, d'accroître mes ennuis et mes fascheries par la perte de mes amis, plus jeunes et plus robustes que je ne suis, j'ai voulu essayer de m'en consoler, en mettant par écrit aucunes de leurs principales actions, et singulièrement celle de feu M. Pithou, mon ancien compagnon et ami. »

Plusieurs écrivains cependant avaient déjà entrepris d'écrire la vie de Pithou, entre autres Le Mercier et Papyre le Masson, mais tout cela ne découragea pas Loysel, parce que l'ayant connu dès son jeune âge et ayant été son collègue pendant une longue partie de sa vie, il avait été témoin oculaire de la plupart de ses actions et pouvait par suite en parler avec plus de certitude que tout autre.

L'on pourrait dire, écrit Claude Joly, que la conformité des mœurs, des actions et des maximes de ces deux hommes de vertu, aurait été chez Antoine Loysel un mouvement secret qui l'aurait poussé à travailler à cette vie pour représenter aucunement la sienne en écrivant celle du meilleur de ses amis.

(1) Son zèle pour le bien public lui faisait négliger ses propres affaires, au point que sa femme lui disait souvent : « Monsieur, je voudrais que les affaires publiques fussent les vôtres, et que les vôtres fussent les publiques. »

Et cette remarque de Joly est parfaitement juste. Nous avons vu, en effet, dans la première partie de ce travail, comment ces deux jeunes gens, que le hasard ou plutôt la même ardeur d'apprendre avait réunis sur les bancs de la même école, devaient continuer à marcher de front et coude à coude, en quelque sorte, jusqu'à ce que la mort vînt briser les liens d'une si remarquable amitié; amitié fondée, non sur des dissemblances de tempérament et de caractère qui réunissent parfois deux hommes heureux de se compléter l'un l'autre dans un commerce quotidien , mais amitié découlant, au contraire, d'une parité absolue de mœurs et de vues. De sorte que Claude Joly pouvait dire que Loysel se peignait lui-même dans la vie de Pithou.

Et leur sort fut, en effet, semblable en beaucoup de points. Nés à trois ans de distance dans des provinces voisines et contiguës, ils s'adonnèrent aux mêmes études et reçurent les leçons d'un même maître. Tous deux ont ensuite embrassé et suivi une même profession au Palais, sont entrés au Parquet en même temps, ont été employés dans des fonctions semblables , tant en la Chambre de Guyenne qu'au rétablissement du Parlement de Paris. Tous deux ont été très-attachés au bien public , à leur prince et à leur patrie, et grands ennemis des troubles et des factions de la Ligue. « Qui considérera, dit Joly, leur piété, leurs études, leurs écrits, n'y trouvera pas peu de rapport ni de ressemblance. »

Mais pour parler de Pithou, laissons la parole à Loysel lui-même : « Encore bien qu'il fût homme privé et sans charge publique, si est-ce qu'il surpassoit tellement l'ordinaire de ceux de notre profession, que je m'estimerai excusable si, ne lui ayant pu rendre les derniers devoirs d'amitié en sa mort, et, ne pouvant plus autre chose pour lui, je m'efforce de faire connoitre plusieurs de ses plus particulières actions, qui pourront, par adventure, servir de mémoires à ceux qui en ayant moins de cognoissance que moy, sçauront plus diligemment représenter la vie de celui qui a été, pendant qu'il a vécu, comme un magistrat privé et perpétuel de la France. »

Quand il entra au Palais, il ne voulut pas plaider immédiatement, mais tout en continuant de plus en plus ses études, « il se commandoit comme un silence pythagorique » et observait avec le plus grand soin tout ce qui se faisait aux audiences. A 25 ans, il plaida sa première et dernière cause, car, bien qu'il l'eût gagnée, il ne se soucia plus de paraître en public. Mais s'il ne se rendit plus au Palais, le Palais vint chez lui, en quelque sorte, et « tout ce qu'il écrivoit et consultoit était toujours fort élaboré, et il ne signoit jamais rien qui ne feust revu et corrigé, tant il avoit son honneur en recommandation. »

Nous avons déjà vu par avance, en traçant la vie de Loysel, quels furent les faits et gestes de Pithou, et sa fermeté et grandeur d'âme au milieu des événements de son siècle. La confiance générale qu'il avait acquise par sa science et sa probité qui l'avaient fait surnommer le Sage Arbitre, était telle que, lorsqu'il changea de religion, il ne perdit pas l'estime de ses anciens amis.

Lorsqu'il fut chargé de fonctions publiques, il sut toujours se montrer digne de la tâche qui lui avait été confiée, et particulièrement dans les deux années qu'il passa en Guyenne : « ..... Il s'y comporta de telle sorte que ses actions pourroient servir d'exemple et de patron, non-seulement d'un très-bon procureur général en Cour souveraine, mais aussi d'un bon advocat du Roi. » Il lui arriva, en effet, de remplir l'une et l'autre fonction pendant une absence de Loysel.

Les remontrances que Loysel avait prononcées en Guyenne, devant la Chambre de Justice, furent imprimées et publiées en 1605 (1), avec un extrait de son « plaidoyer pour l'Université » dédié au Président Molé qui lui avait toujours témoigné beaucoup d'estime et d'affection.

L'ouverture de la Chambre de Justice avait été faite à Bordeaux, au commencement de l'année 1582. Loysel y prononça sa 1re remontrance qu'il intitula : « l'OEil des Rois et de la Justice, » parce qu'elle contenait une assurance au peuple d'obtenir justice, suivant les édits de pacification.

A la seconde séance qui fut tenue à Agen, il parla « de l'Amnistie ou oubliance » et il exhorta les peuples à oublier les maux faits et reçus pendant les troubles.

A la 3e séance qui fut tenue à Périgueux, il traita de l'union qu'il devait y avoir entre les sujets du Roi, et il nomma, par cette raison, sa remontrance Homonée.

Et à la 4e et dernière séance, qui fut tenue à Saintes, et dont l'ouverture se fit le 20 février 1584, il parla de la religion, et il donna à sa remontrance le nom d'Eusébie.

(1) La Guyenne de M. Ant. L'Oisel qui sont huit remontrances faites en la Chambre de Justice de Guyenne sur le sujet des Édits de pacification. Paris, 1605.

Revenons, pour nous y arrêter un instant, à sa première harangue prononcée à Bordeaux, parce qu'elle constitue une page de notre histoire locale.

Autant que toute autre, plus peut-être, la région du sud-ouest de la France, avait eu à souffrir des guerres de religion, funestes souvenirs où de part et d'autre on trouva la même barbarie, triste époque sur laquelle se détachent cependant les profils des Pithou et des Loysel, ces hommes qui, nourris de la littérature ancienne, surent si bien y prendre des modèles de sagesse et de vertu, que le roi Henri III n'aurait pu choisir, pour l'œuvre qu'il voulait réaliser en Guyenne, des interprètes plus capables par leur modération de réparer les maux faits à la France pendant la guerre civile.

Les guerres religieuses avaient tellement éprouvé la Guyenne que Loysel n'y reconnaît pas la riche province qu'Ausone avait célébrée, et il s'en explique, tout de suite, au début de sa remontrance. « Ce pays, dit-il, a véritablement reçu de grandes bénédictions de Dieu par dessus beaucoup d'autres contrées : un air doux, benin et attrempé, une fertilité et abondance en tous biens, une commodité de fleuves navigables et prochains de la mer qui le rendent voisin non-seulement des autres provinces de la France et royaumes étrangers, mais aussi de tout le reste de la terre habitable, voire de celle que l'on appeloit l'autre monde, qui ne lui est plus nouveau. » Loysel continue cette description qui ne pouvait qu'être reçue très-favorablement par nos ancêtres, et dont notre vanité n'aurait encore rien à souffrir, par une citation d'Ausonne et une d'un autre auteur « gaulois-romain » où l'Aquitaine est qualifiée de moëlle des Gaules, mamelle de toute fécondité.

Enfin après avoir, en un très-beau langage, exprimé tout ce qu'il avait appris sur la Guyenne, il continue avec tristesse et déclare qu'au lieu des riants paysages qu'il venait de décrire, il n'a vu en arrivant que « la jaunisse et sécheresse; » il a trouvé une province désolée par les guerres civiles qui en avaient chassé la Paix et la Justice. La Justice en s'y rendant vient précisément pour rétablir la Paix.

Il recherche, en France et chez les autres peuples, l'origine de cette tradition consistant, de la part du Roi, à envoyer dans les diverses parties de son royaume, lorsque des circonstances graves ont rendu cette mesure nécessaire, une fraction de sa Cour de Justice pour voir, de ses propres yeux, en quelque sorte, quels sont les besoins de son peuple et guérir les maux dont il a pu souffrir. C'est véritablement, dit-il, « l'OEil du Roi » qui est venu vers vous, car parmi les magistrats envoyés en Guyenne par Henri III, se trouve un membre même de sa famille.

Cette question de « l'OEil des Rois et de la Justice, » traitée par Loysel dans ses deux premières remontrances, est aussi remarquable dans le fond que dans la forme, et nous ne devons pas nous étonner qu'elle ait reçu l'approbation de Montaigne, qui, nous l'avons dit précédemment, assistait à la séance d'ouverture de la Chambre de Justice de Guyenne.

Tout aussi remarquables sont les harangues prononcées à Agen, à Périgueux et à Saintes, inspirées des sentiments de la justice la plus élevée et de la plus généreuse modération.

Nous avons étudié jusqu'ici l'homme et le magistrat. Voyons maintenant le jurisconsulte. Pour apprécier son œuvre et en comprendre l'utilité, disons, en quelques mots, mes chers confrères, l'état de la science du droit au xvi⁰ siècle.

« Le siècle de l'an mil cinq cens..... nous apporta dit Estienne Pasquier (1), une nouvelle estude de Loix, qui fut de faire un mariage de l'estude du Droict avec les Lettres Humaines, par un langage latin net et poly. » Voilà pourquoi, il appelle Humanistes les jurisconsultes de cette époque. Ce fut une étude du droit, littéraire et historique. On y exigea non-seulement un latin net et poli, mais aussi le grec. On ne s'y arrêta pas, comme les juristes l'avaient fait jusque-là, aux recueils de Justinien, mais les sources du droit antérieur et postérieur commencèrent à être recherchées et explorées. On ne se borna pas à ces sources juridiques : on alla puiser avec la même ardeur dans les historiens, les prosateurs et les poètes. Ce fut ainsi, a-t-on dit, que les jurisconsultes et les gens de lettres se donnèrent la main, confondus souvent les uns avec les autres dans ce beau xvi⁰ siècle. Loysel, Pithou, Pasquier en sont les exemples.

Entre tous les jurisconsultes qui contribuèrent à cette rénovation de la science du droit, parmi ceux que Pasquier appelle « les entrepreneurs de ce nouveau mesnage, » il faut citer en première ligne le grand Cujas, qui, continue Pasquier, « n'eut, selon mon jugement, n'a et n'aura jamais par aventure son pareil. » Nous avons eu déjà occasion de dire quelle large place il prit dans l'ère nou-

_____

(1) *Recherches de la France;* liv. 9, ch. 39.

velle, imprimant autour de lui une vive impulsion, rendant à la science, par lui et ses disciples, les services les plus durables. Nous savons que nul plus que Loysel ne le suivit avec plus d'ardeur et d'admiration ; seuls, les frères Pithou pourraient être placés sur la même ligne.

C'est par les leçons et le commerce de ce grand maître que Pithou et Loysel, se pénétrant de la forte unité de la législation romaine et de la politique de Rome, cherchèrent ensuite à la réaliser autour d'eux. Il s'en fallait, en effet, vous vous en souvenez, mes chers confrères, que l'unité législative existât au sein de notre ancienne France : si la prédominance du droit romain au Midi consacrait une certaine uniformité que n'était pas sans entamer l'existence de coutumes locales, au Nord, au contraire, où le fond du droit était la coutume, régnaient la diversité et le chaos le plus profond.

A ce dernier point de vue, cependant, le XVIe siècle réalisa un premier progrès par le grand travail de rédaction des coutumes. Ce premier pas faisait acquérir aux coutumes la certitude qui leur avait manqué jusqu'alors ; désormais on avait des textes que l'on pouvait employer comme base solide de raisonnement, que le jurisconsulte pouvait à loisir comparer en les rapprochant. De cette comparaison, qui s'imposait à tout esprit curieux, naquit la question de savoir s'il y avait quelque chose qu'on pût appeler un « esprit général du droit français. » Dans l'Introduction historique placée en tête de l'édition des *Institutes coutumières* par Dupin et Laboulaye (1), se trouve indiquée cette question sur laquelle les jurisconsultes étaient partagés en deux camps.

Les uns, admirateurs exclusifs du droit romain, ont traité les coutumes avec dédain, n'admettant pas qu'elles pussent entrer comme un élément régulier dans la législation.

D'autres, au contraire, voyant dans nos coutumes, quoique informes, un type original, un caractère à part, les ont considérées comme une législation, très-inférieure sans doute en rédaction aux Codes romains, mais dont l'esprit, suivant eux, était plus sympathique avec nos mœurs nationales. Malgré les discordances entre les diverses coutumes sur certains articles, ils ont fait remarquer qu'il existait entre elles comme un « air de famille » que leur donnait une origine commune, et un « esprit général » qu'il n'était pas impossible de ramener à l'unité.

(1) Paris, 1846.

Coquille était de l'école de ceux qui pensaient qu'il y avait un esprit propre et général du droit coutumier français. — Il ne s'était pas borné à commenter les articles de sa coutume, mais il avait cherché à généraliser les principes du droit commun dans ses « Questions sur les coutumes, » et surtout dans l'excellent ouvrage élémentaire qu'il nous a laissé sous le titre de : *Institution au droit français.*

Sa pensée était semblable à celle de Dumoulin qui, dans « ses notes sur toutes les coutumes, » avait eu pour but d'en opérer le rapprochement et la conciliation et d'arriver à une fusion qui n'eût mis à la place de toutes les coutumes qu'une seule loi générale : c'était, dès cette époque, la pensée d'un Code civil français.

Cette pensée même datait de plus loin, car Philippe de Commines nous apprend que « le roi Louis XI désirait fort qu'en ce royaume on usât d'une coutume, d'un poids, d'une mesure, et que toutes les coutumes fussent mises en un beau livre. »

Entre tous ceux qui ont écrit dans cette vue, il faut distinguer Antoine Loysel. Le livre qu'il a laissé sous le titre d' « Institutes coutumières, » et auquel il a travaillé pendant quarante ans de sa vie, est, disent MM. Dupin et Laboulaye, une sorte d'avant-projet de cette fusion en un seul Code. Tel qu'il est, ce livre offre l'abrégé le plus exact, le résumé le plus précis et en même temps le plus complet des principes généraux de notre ancien droit coutumier.

Ainsi que nous l'avons déjà dit, ce travail de Loysel ne parut pas d'abord en un corps d'ouvrage séparé : mais, Guillaume Joly, son gendre, donnant une édition de l' « Institution au droit français » de Guy Coquille, Loysel profita de cette publication pour mettre à la suite ses « Règles » qu'il intitula : « Institutes coutumières ou Manuel de plusieurs et diverses règles, sentences et proverbes tant anciens que modernes, du droit coutumier et plus ordinaire de la France. »

On ne pouvait, a-t-on remarqué (1), réunir deux ouvrages mieux faits pour aller ensemble ; les *Règles* de Loysel étaient comme les articles du Code dont l'*Institution* de Guy Coquille renfermait le commentaire : — ce dernier développait *ex professo* les principes du droit coutumier, que Loysel résumait dans la forme de rédaction la plus énergique et la plus concise.

Claude Joly apprécie avec justesse ce labeur d'Antoine Loysel

---

(1) *Introd. historiq.* de Dupin et Laboulaye, p. xxxv.

lorsqu'il dit que « ce Recueil, quoy que petit, ne laisse pas d'estre d'une très-grande utilité, estant un ramas où l'on peut trouver en peu de mots les décisions les plus douteuses et controversées de notre droict françois. Et, en effet, ce petit ouvrage est peut-être celui qui lui a le plus coûté à faire. Au moins il n'en a fait aucun où il ait employé plus de temps, tesmoignant en la Préface de ce libelle, lequel il n'adressa qu'à ses deux fils, qu'il avoit travaillé à cette compilation depuis 40 ans et plus. »

La Préface des « Institutes coutumières, » dont nous parlons, expose de la façon la plus saisissante le double but que poursuivait Loysel dans son œuvre. Il a espéré, dit-il à ses fils, un double profit : « L'un, en ce qu'elles pourraient servir, et à vous et à d'autres moins expérimentés, d'instruction ou « Institutes coutumières » du droit de notre France; l'autre, en ce que les plus sçavans seroient incités à communiquer au public ce qu'ils en ont ou pourront plus heureusement recueillir. » Il est bien une troisième utilité que Loysel entrevoit, mais qu'il n'ose espérer, et qui surpasserait de beaucoup les deux autres, « qui seroit que tout ainsi que les provinces, duchés, comtés et seigneuries de ce royaume régies et gouvernées sous diverses coutumes, se sont avec le temps rangées sous l'obéissance d'un seul Roy, et quasi de sa seule et unique monnoie : ainsi enfin se pourroient-elles réduire à la conformité, raison et équité *d'une seule loi*, coutume, poids et mesure, sous l'autorité de Sa Majesté. » A ceux qui voudraient reprocher à Loysel sa façon de procéder par règles et sentences, il répond « qu'après tant de ramas confus et incertains, l'on ne desdaignera pas cette simplicité d'écrire en laquelle nous voyons Papinien, Paul, Ulpien et tant d'autres jurisconsultes s'être employés. »

L'édition princeps de 1607 fut suivie, en 1637, d'une seconde édition, également sans notes; et cependant plus on allait, plus le besoin d'un commentaire se faisait sentir. En rattachant à chacune des règles de Loysel l'indication des sources d'où il les avait tirées, c'est-à-dire en partant de la formule qu'il avait tracée pour arriver à découvrir les coutumes qui l'avaient inspirée, on était certain d'en mieux pénétrer le sens.

Les fils de Loysel, Antoine et Guy, furent les premiers à entrer dans cette voie, en faisant des renvois aux coutumes, aux ordonnances et aux auteurs d'où les règles avaient été tirées, et comme c'étaient des hommes studieux et instruits, ils y firent aussi des notes dans lesquelles ils mirent « ce qu'ils avoient appris de leur père, pendant qu'il vivoit, et qu'ils avoient recueilli dans ses manuscrits après sa mort. »

En 1679, Claude Joly, chantre et chanoine de l'église de Paris, petit-fils de Loysel par sa mère, et héritier de ses livres et de ses manuscrits qu'il légua depuis au chapitre métropolitain, donna au public une édition nouvelle des « Institutes coutumières » sur un exemplaire que Loysel avait revu et retouché de sa main avant sa mort; il eut aussi l'idée de publier « quelques mémoires, tant de lui-même que de M. Loysel l'aîné de ses fils, qui peuvent beaucoup contribuer à l'intelligence de la plupart des règles contenues dans cet ouvrage, » mais il ne donna pas suite à ce projet, et le second volume de l'ouvrage annoncé comme devant contenir les « preuves et les explications de la plus grande partie desdites règles tirées des Mémoires de l'auteur et du sieur Antoine Loysel, son fils, » n'a jamais été publié. En 1665, Challines avait fait imprimer avec les *Règles* des notes de sa façon ; mais, dit avec raison de Laurière, « ces notes sont si superficielles qu'elles n'ont été lues que parce qu'on n'en avait pas de meilleures. »

En 1688, M. de Launay, professeur de droit français, fit imprimer un Commentaire sur le premier titre ; mais il mourut quelques années après et son ouvrage est resté incomplet. Il a le mérite d'avoir donné le premier un sens raisonnable à la fameuse règle « Si veut le Roi, si veut la Loi, » à laquelle d'autres ont imputé un sens si abusif.

Devant cette absence de commentaires et de notes sur un ouvrage si nécessaire, de Laurière se décida à donner, quoique inexacte, la copie des notes de Loysel et de son fils. L'ouvrage parut en 1710, et « on le regarde, dit Camus, comme le meilleur de ceux que de Laurière a écrits. » — Une autre édition donnée en 1783 par le gendre de Laurière, étant devenue très-rare, M. Dupin, publiant en 1843 une vie de Loysel à la suite du Dialogue des Avocats, annonça qu'il préparait une nouvelle édition de ses *Institutes coutumières*.

M. Laboulaye s'en occupait de son côté, et lorsque leur pensée se fut mutuellement révélée, les deux jurisconsultes, animés du même esprit, mirent leurs travaux en commun et les publièrent en 1846; cette édition est très-estimée.

Les *Institutes coutumières* sont divisées en 6 livres, partagés euxmêmes en titres. Le livre I traite des personnes, le livre II de la qualité et condition des choses, le livre III des contrats, le livre IV des diverses tenures, des donations et du paiement, le livre V des actions, le livre VI des crimes et gages de bataille.

Citons dans le Ier livre la maxime qui le commence « *Qui veut le Roi, si veut la Loi* » sur l'interprétation de laquelle diverses opinions s'étaient fait jour, comme nous l'indiquions plus haut, suivie de cette autre : *Le Roi ne tient que de Dieu et de l'épée ;* celle-ci bien connue : *Le Roi ne meurt jamais*, ou *le Roi est mort, vive le Roi;* puis cette maxime de la vieille liberté gauloise : *Toutes personnes sont franches en ce roïaume et sitost qu'un esclave a atteint les marches d'iceluy, se faisant baptiser, est affranchi.* Notons encore : *Pauvreté n'est pas vice et ne désanoblit point; — En formariage, le pire emporte le bon; — Oignez vilain, il vous poindra; poignez vilain, il vous oindra; — Droit de puissance paternelle n'a lieu.*

Bien connus sont ces brocards en matière de mariage : *Fille fiancée n'est prise ni laissée, car tel fiance qui n'épouse point; — Les mariages se font au ciel et se consomment en la terre; — En mariage, il trompe qui peut; — Morte ma fille, mort mon gendre.*

Remarquons au titre des Douaires : *On disait jadis au coucher gagne la femme son douaire; maintenant dès lors de la bénédiction nuptiale.*

Citons sur le bail ou garde du mineur : *Qui bail prend, quitte le rend.*

Au livre II, nous trouvons : *Terre sans hébergement n'est que de demi revenu;* et *Terre chevauchée est à demi mangée*, signifiant que quiconque ne demeure pas sur sa terre ou en est trop éloigné, sera sujet à des déprédations; — *Nulle terre sans seigneur*, maxime qui part d'une présomption d'asservissement des fonds, et qui n'est pas acceptée dans les coutumes, qui disent : *Nul seigneur sans titre; — Fief, ressort et justice n'ont rien de commun; — Institution d'héritier n'a point lieu; — Le mort saisit le vif son plus prochain héritier habile à lui succéder; — Il n'est héritier qui ne veut.*

Dans le livre III, citons parmi les maximes les plus connues : *On lie les bœufs par les cornes, et les hommes par les paroles; — De bien commun on ne fait pas monceau; — Qui vend le pot, dit le mot.*

Au livre IV : *Il n'est si bel acquêt que de don; — Promettre et tenir sont deux; — Qui le sien donne avant mourir, bientôt s'appreste à moult souffrir; — Au prester, ami; au rendre, ennemi.*

Au livre V : *Toutes actions sont de bonne foi; — Qui a mangé l'oie du Roi, cent ans après en rend la plume; — Témoins passent lettres.*

Enfin, au livre VI : *Le mort a le tort et le battu paye l'amende ; — Par compagnie, on se fait pendre.*

Les trois ouvrages de Loysel que nous venons de passer en revue jusqu'ici, avaient été publiés de son vivant. Il en est autrement de la quatrième œuvre que nous nous sommes proposé d'examiner, et qui ne vit le jour qu'en 1652, je veux dire le *Dialogue des Avocats*.

Cet opuscule, dit M. Dupin, « contient l'histoire de la Magistrature aussi bien que celle du Barreau, car dans les trois premiers siècles qui suivirent l'établissement du Parlement rendu sédentaire (de 1302 à 1602), on voit presque tous les magistrats commencer leur carrière dans la profession d'avocat *pour y faire montre de leur suffisance aux affaires ;* et les plus renommés pour leur habileté et *prud'hommie,* prendre de là *leur volée* pour passer aux états de conseillers, advocats du Roi, procureurs généraux et chanceliers. Pour toute cette époque, on peut dire avec raison que Loysel a été le Plutarque des gens de robe. »

Puisque, dans cet ouvrage, Loysel va nous parler, en les appréciant, des principaux avocats de son temps, demandons-nous ce qu'était le Barreau à son époque.

Il ne faut pas croire que les procédés oratoires du Barreau au xvie siècle fussent les mêmes que de nos jours. Il semble qu'alors l'ambition des avocats était principalement d'écraser leurs adversaires, non par l'imprévu des mouvements de passion, mais sous le poids des citations érudites. Les plus bizarres, celles qui avaient en apparence le rapport le plus éloigné à la cause, étaient les meilleures. Les Dumoulin, les Pithou, les Loysel ne plaidaient pas autrement. Dans l'affaire la plus vulgaire, il fallait étaler sous les yeux du juge la Bible, Homère, saint Augustin, sous peine de passer pour un ignorant, sans préjudice de Gaïus, Théophile, Cujas et Bartole. Mais en dehors de ces défauts, bien plus de forme que de fond, il y a encore grand profit à tirer de la connaissance de ces grands avocats du xvie siècle qui furent tous des écrivains remarquables, et quelques-uns des jurisconsultes de génie.

C'étaient en effet gens d'une science profonde, possédant de l'à-propos et cette pointe d'esprit railleur que porte en lui dès le berceau, au dire du poëte « *le Français né malin.* »

Le *Dialogue des Avocats* qui fait agir et parler certains d'entre eux, par lesquels nous arrivons à connaître tous les autres, ne fut pas, avons-nous dit, publié du vivant de Loysel ; peut-être fut-ce calcul de sa part, pour ne pas faire naître, pendant sa vie, des critiques sur les diverses appréciations qu'il donne de ses personnages. Nous avons vu que, dans son testament, il en recommandait la publication à ses héritiers. Claude Joly accomplit ce vœu de l'auteur en faisant imprimer le « Dialogue » parmi les opuscules de Loysel (1652). M. Dupin crut, dit-il, faire une chose agréable au Barreau en comprenant cette histoire du Palais dans l'édition des « Lettres sur la Profession d'avocat » (1818). Enfin, il en donna en 1843 une édition spéciale, car, « il n'y a pas, dit-il, d'écrit plus capable d'intéresser tous les membres de la Magistrature et du Barreau : il y a des leçons et des exemples pour tous, pour ceux qui sont avocats, pour ceux qui sont devenus magistrats, et aussi pour ceux qui, après avoir quitté leur profession, seraient tentés d'y rentrer.

Pasquier est le principal interlocuteur du Dialogue, c'est lui que Loysel interpelle et provoque à raconter ce qu'il sait de l'histoire des avocats ; et, en effet, presque toutes les anecdotes que Loysel met dans la bouche de Pasquier sont tirées du livre des « Recherches » de celui-ci. Pasquier ne pouvait nous parler de lui-même : « Non que je veuille, lui dit Loysel dans sa fiction, vous prier de parler de vous....., ce qui serait un peu trop curieux, et par adventure périlleux et sujet à envie. » De même Loysel, qui fait au fond mouvoir tous ses personnages, ne pouvait porter une appréciation sur lui-même. Quant à Pithou, lorsque Pasquier veut entreprendre de le louer, Loysel l'arrête par ces mots : « N'en dites pas davantage ; j'espère faire voir à ces jeunes hommes, et à vous aussi, si vous en voulez prendre la peine, ce que j'ai écrit de sa vie. »

Mais, disons de suite la circonstance qui a donné lieu à ce dialogue. Loysel nous la fait connaître dans sa Préface : au mois de mai 1602, la Cour avait résolu par une mercuriale que les avocats seraient tenus d'observer l'article 161 de l'Ordonnance de Blois, qui n'avait jamais été observé et qui était ainsi conçu : « Les avocats seront tenus de signer les délibérations et autres escritures qu'ils feront pour les parties, et, au-dessous de leur seing, écrire et parapher de leur main ce qu'ils auront reçu pour leur salaire, et ce, sous peine de concussion. » L'article de l'Ordonnance prescrivait à ceux qui ne voudraient pas y obéir « de le déclarer pour être rayés de la matricule. »

Offensés de cet arrêt, les avocats s'assemblèrent, au nombre de 307, en la Chambre des consultations, et résolurent unanimement de renoncer à leurs charges ; et ils s'en allèrent tout aussitôt, deux par deux, au greffe de la Cour déclarer qu'ils démissionnaient plutôt que d'accepter un règlement contraire à leur honneur.

Dans son « Eloge d'Etienne Pasquier, » Dupin déclare que, sans vouloir approuver, dans tous les cas, des actes de ce genre, qu'ils soient l'œuvre des avocats, du Parlement ou de l'Université, cependant il y a, souvent, quelque chose de respectable dans ces émotions qui troublent et agitent toute une compagnie. Si l'esprit de corps a ses défauts, il est aussi fréquemment le principe de nobles mouvements que l'autorité supérieure a cru bon souvent de ménager et que la prudence des Cours a quelquefois appréhendé de froisser. C'est ce qui arriva en 1602; le Parlement revint sur son arrêt, et il ne fut plus question de l'article 161 de l'Ordonnance de Blois à qui, du reste, les avocats, reprochaient avec raison « qu'il avait été glissé dans l'Ordonnance sans avoir été délibéré par les États. »

Loysel prend texte de cet événement pour remonter aux origines de la profession d'Avocat; il se donne pour interlocuteurs ses deux fils et son neveu, puis François Pithou, Pasquier et ses deux fils, se servant des jeunes avocats « pour interroger curieusement les anciens ».

Dès le début, Loysel nous fait pénétrer en l'intimité de ces personnages que nous allons voir figurer dans trois conférences qui composent le *Dialogue*. Nous les trouvons tous réunis chez Loysel qui avait invité à dîner son neveu et François Pithou, et « assis les uns sur le lict vert, les autres en des chaires. » Après avoir parlé de l'arrêt du Parlement et de la conduite des Avocats, Pasquier, sur l'invitation de Loysel qui lui demandait une histoire de l'ordre des avocats, le prie d'attendre jusqu'au dimanche suivant pour lui permettre de rassembler ses matériaux. De là est sortie, dit M. Dupin, la plus intéressante histoire que nous ayons de tous les hommes qui ont illustré le Barreau et la Magistrature depuis Philippe le Bel jusqu'à 1610.

Dans les trois conférences que la petite compagnie tint chez M. Pasquier, Loysel nous décrit les habitudes et les occupations des anciens avocats; comment ils passaient leurs « après-dîners, » se réunissant entre eux pour « deviser » sur les objets qui intéressaient leurs études et leur profession; comment les jeunes y donnaient leur avis et recevaient la leçon des anciens.

Les avocats vivaient alors principalement entre eux et aussi, nous dit Dupin, dans l'intimité de quelques magistrats sans morgue, mais non pas sans vertu et sans amour de la science, qui venaient se mêler à ces doctes entretiens dont la solidité rappelle ces graves dialogues que nous a transmis l'antiquité. Au souvenir de tous ces grands esprits animés du patriotisme le plus pur et qui possédèrent à un si haut degré le sentiment de leur indépendance, on ne peut s'empêcher de constater la justesse de ce qu'a dit un illustre écrivain : « qu'en France, c'est la liberté qui est ancienne et le despotisme qui est moderne, » pensée que l'on trouve en partie dans le *Dialogue*, lorsque Loysel écrit à propos du « serment d'obédience » exigé du Roi vis-à-vis de l'Eglise, qu'anciennement il n'en était pas ainsi, « notre royaume n'étant pas de cette qualité, mais *de liberté et franchise* suivant les anciens décrets (1). »

A chaque page du *Dialogue*, à propos de tel ou tel fait, Pasquier adresse, avec sa grande autorité, de sages conseils aux jeunes avocats qui l'écoutent, leur disant qu'il ne faut pas faire seulement estat de la vertu pour les bonnes rencontres qui arrivent, mais la cultiver principalement à cause d'elle-même, » conservant toujours la familiarité qui doit régner dans une conversation et leur racontant quelque piquante ou amusante aventure, lorsqu'il sent que leur attention pourrait être fatiguée.

A son exemple, mes chers confrères, et animé de la même crainte, permettez-moi de vous rapporter ce que dit Pasquier de l'avocat Jean du Boisle (2), « lequel n'avoit rien de recommandable que la force et hauteur de sa voix, semblable à celle de ce Trachallus, dont parle Quintilien, et néantmoins il était bien éloigné des perfections qu'on remarquoit en cet orateur. On l'oyoit de la Chapelle de la salle du Palais, quand il plaidoit aux Requestes, ce qu'il faisoit assez souvent sur la fin de ses jours, en quoi il se rendoit ridicule..... Quand je vins au Palais on faisoit un conte de lui et de feu M. le Président de Harlay... lequel ne se pouvoit garder de dire quelque mot de gausserie en quelque lieu qu'il se trouvât. C'est que du Boisle, plaidant un jour devant lui, et prenant son ton fort haut dès le commencement de son plaidoyer, contre ce qu'on a de coutume, il ne se put tenir de lui dire ces mots : *Couvrez-vous, du Boisle, et parlez haut,* dont toute la compagnie se prit à rire. »

Et pour en finir par deux avocats ayant avec nous plus que des liens de confraternité (car ils étaient Gascons), voici ce que nous

(1) Edition Dupin, page 37.
(2) *Dialogue....*, p. 101.

en dit Loysel : « Jean David étoit peu soigneux de son honneur, il se chargeait indifféremment de toutes les causes, le plus souvent de mauvaises ; ce qui le faisoit bien souvent condamner à l'amende ; à raison de quoy nous l'appelions l'avocat du Roi, d'autant qu'en cela il faisoit plus gagner au Roi que ne faisoient ses avocats. Et me souvient que, se plaignant un jour à la fenestre à laquelle les avocats plaidants se retirent en attendant que leurs causes s'appellent, il disoit que l'on ne pouvoit faire estat des causes, d'autant qu'on perdoit souvent celles qu'on pensoit gagner et inversement, sur quoy de La Vergne, avocat qui était de son païs, lui répondit qu'il falloit qu'il y eut de la faute du jugement de la Cour ou du sien. Et comme il étoit coutumier de parler latin en ses plaidoyers, et du latin assez mauvais, le même La Vergne, qui étoit facétieux, disoit ordinairement de lui, que quelque mélange qu'on put faire du latin de David avec celui de Cicéron, il discernoit toujours l'un d'avec l'autre (1). »

Je mettrais, mes chers confrères, votre patience à l'épreuve et la lasserais à coup sûr, si je devais vous dire tout ce que le *Dialogue des Avocats* contient de plaisantes histoires en même temps que d'exemples féconds et d'utiles enseignements. Je préfère vous conseiller, à la suite de voix plus autorisées que la mienne, de lire, si vous ne l'avez fait déjà, le *Dialogue des Avocats*, qui se termine par ces mots pleins d'encouragement et d'élévation, et qui seront aussi les derniers pour moi : « Vous devez tous prendre courage de travailler, car il y a place pour tous au Barreau..... Vous devez en même temps vous efforcer de conserver à notre Ordre le rang et l'honneur que nos ancêtres lui ont acquis par leurs mérites et par leurs travaux, pour le rendre à vos successeurs (2). »

(1) *Dialogue...*, p. 107.
(2) *Dialogue...*, p. 143.

BAR-LE-DUC, IMPRIMERIE CONTANT-LAGUERRE.